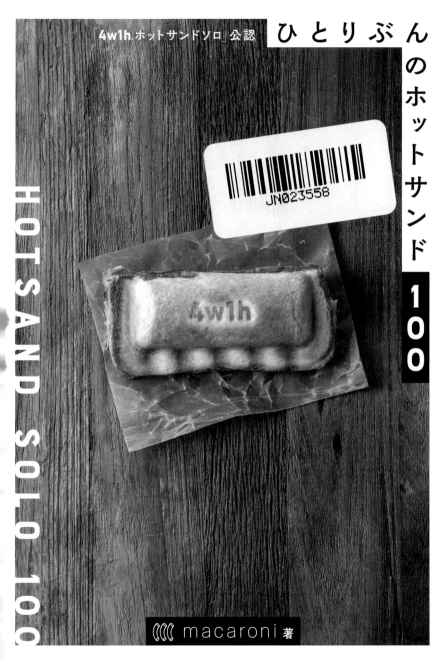

「4w1h ホットサンドソロ」公認　ひとりぶんのホットサンド

100

HOTSAND SOLO 100

JN023558

4w1h

(((macaroni 著

大和書房

はじめに

　本書をお手にとっていただき、ありがとうございます。はじめましての方は、はじめまして。いつもご利用いただいている方には重ねてお礼申し上げます。macaroni（マカロニ）と申します。

　私たちmacaroniは、オリジナルのレシピ動画をはじめとし、内食・外食を問わず、グルメや料理、食に関する最新トレンドニュースまで、「食から始まる、笑顔のある暮らし。」をテーマに、幅広い情報をお届けするライフスタイルメディアです。

　そんな私たちが常に注目し続けている「食」のひとつが「ホットサンド」。朝ごはんにもお昼ごはんにも、もちろんおやつにだって夜食にだって、1日を通じていつだって出番があるのがホットサンドなんです。

　たくさんのホットサンドメーカーがあるなかで、特に画期的なのが「ホットサンドソロ」。一番の特長は「食パン1枚で作れる」ことです。ありそうでなかったコンパクト感で、日常使いはもちろんのことキャンプ時にも大活躍。

　本書では、そんな「ホットサンドソロ」を使った「ひとりぶんのホットサンド」レシピを100点掲載。「ホットサンドソロ」をお持ちの方はもちろん、そうでないホットサンドファンの方にも参考にしていただける1冊になりました。

　みなさまの、毎日のホットサンドライフのお供に本書をご活用いただけましたら幸いです。

令和3年6月吉日　macaroni

CHAPTER. **1** ひとりぶんの朝食サンド

CHAPTER. 2 がっつりごちそうサンド

CHAPTER. **3** おやつはホットサンド

CHAPTER. **4** ビールに合うおつまみサンド

CHAPTER. **5** 食パン以外の意外なごちそう

──────────────── 本書では ────────────────

• 調理時間はおおよその目安です。
• 火加減の目安を記載していますが、調理環境によって異なるため（ホットサンドソロ
  はIH調理器には対応していません）、レシピを参考に火加減や加熱時間を調節して
  ください。記載のない場合は中火を基準にしています。
• 電子レンジの加熱時間は600Wでのおおよその目安です。
• 分量の単位は大さじ1＝15cc、小さじ1＝5ccです。
• 野菜は皮むき、下処理を前提としています。
• 挟む具材があふれ出る場合は量を調整してください。

食パン1枚で作る
ひとりぶんのごちそう

これまで「ホットサンド」といえば、食パン2枚でがっつり作るのが常識でした。しかし、朝ごはん、子どものおやつ、夜食……、小腹が空いたときに軽く、ちょっと食べたいのがホットサンド。そんな願いを叶えた"食パン1枚で作る"ホットサンドメーカー「ホットサンドソロ」を紹介します。

HOTSAND
SOLO

ちょうどいい ひとりぶんの ホットサンド

燕三条キッチン研究所の「4w1h®」ブランド製品のひとつである「ホットサンドソロ」。テーマは「ちょうどいい、朝食。」。「量」「形態」「食事時間」を考え、朝食＝小食＝食パン1枚を実現させた、あるようでなかったホットサンドメーカーなのです。

食パン1枚の量

主食のパンに野菜やたんぱく質の具材を合わせられるのがホットサンドのいいところ。ホットサンドメーカーは、食パン2枚使いのものが主流ですが、食パン1枚でくるりと包み込めば朝食、間食、夜食にもちょうどいい量。もちろん携帯も楽チンなので、ソロキャンプ時にも重宝します。

耳まで
おいしく仕上がる

食パンの耳が苦手な人も多いと思います
が、ホットサンドソロで焼くと、カリッ
と焼き上がった耳がとにかくおいしい！
耳部分だけを好んで食べたくなるほど、
香ばしい風味と食感がたまらないので
す。個性的な波形のフチは、見た目が
かわいいだけでなく、具材がはみ出さ
ずにきっちり圧着するよう、研究に研究
を重ねて考えられた形状。フチはカリッ
と、中はふわっと熱々の仕上がりになり
ます。

焼き間違いのない
工夫

クリエイターとメーカーのコラボによっ
て生み出されたホットサンドソロは、プ
ロダクトデザイナーによって見た目もこ
だわってつくられていますが、プレート
部分がツートーンカラーなのには理由
があります。ホットサンドを焼く際、ひっ
くり返しながら焼きますが、どっちの面
を焼いたのかわからなくなってしまうこ
とを防ぐため。かゆいところに手が届い
た製品なのです。

さらに
おいしくなる
ポイント

ホットサンドはとにかく作り方が簡単。食パンで具材を挟み、焼くだけ。冷蔵庫にあるもの、夕飯のあまりものを挟んで焼けば、冷めていたものも熱々になり、香ばしく焼けたパンの風味や食感と合わさってごちそうに！ 主食にも、おやつにも、おつまみにだってなるホットサンドは、毎日出番があるほど重宝。本書では、朝食、がっつり系、おやつ、おつまみになるホットサンドのほか、食パン以外で作る逸品レシピも紹介します。

食パンについて

具材をたっぷり挟み込みたいときは8枚切りを、食パンのもっちり感を味わいたいときは6枚切りを。本書でも、レシピに応じて6枚切りと8枚切りを使い分けています。また、食パンは古めのものではなく、水分が多めの新しいものを使ったほうが、食パンが割れることなくきれいに焼き上がります。

焼き加減について

基本の焼き方は弱火で片面2〜3分ずつなのですが、お好みの焼き上がりに仕上がるように調節してみてください。とろけるチーズを具材に挟んだときは、弱火でじっくり長めに焼くようにすると、チーズがとろーりとなっておいしく仕上がります。パイシートを使ったレシピは食パンより長めに焼いてください。

CHAPTER.1

ひとりぶんの
朝食サンド

時間がない朝でも、食パン1枚で簡単に作れて、手軽に食べられるホットサンド。たんぱく質と野菜が一度にとれて、1日の始まりにはもってこいの一品。前日の夕食のあまりもの、冷蔵庫のありものを具材にして、食パンで挟んで焼くだけ。ササッと食べられる理想の朝ごはん！

POINT 調味料は納豆付属のたれとからしだけなのでお手軽。材料3つで簡単に作れるのに、食べごたえ十分！

納豆キャベツサンド

・材料 _____

食パン（8枚切り）…1枚
納豆…1/2パック
キャベツ…10g

・作り方 _____

1 納豆は付属のたれ、からしを加えてよく混ぜる。キャベツは千切りにする。

2 食パンにキャベツ、納豆の順にのせてホットサンドソロにセットし、ストッパー金具で固定する。弱〜中火にかけ、片面2〜3分ずつ焼いたら完成。

003/100

POINT 具材のとろけるチーズを溶かすために、弱火でじっくり焼くこと。間違いのない組み合わせです。

明太もちチーズサンド

・材料 ____

食パン（8枚切り）…1枚
切り餅…1個
明太子…30g
とろけるチーズ…10g

・作り方 ____

1 切り餅はトースターで焼き、ひと口大に切る。明太子は薄皮を取り除いてほぐす。

2 ボウルに**1**ととろけるチーズを入れて軽く混ぜ合わせる。

3 食パンに**2**をのせてホットサンドソロにセットし、ストッパー金具で固定する。弱〜中火にかけ、片面2〜3分ずつ焼いたら完成。

POINT パンに具材をのせて挟み込むときは、あふれないように注意を。焼き加減はお好みで調整してください。

山いも明太サンド

• 材料 _____

食パン（6枚切り）…1枚
明太子…大さじ1
山いも…40g
小ねぎ…5g
しょうゆ…小さじ1/2

• 作り方 _____

1 山いもは短冊切りに、小ねぎは小口切りにする。

2 ボウルに**1**、薄皮を取り除いてほぐした明太子、しょうゆを入れて混ぜ合わせる。

3 食パンに**2**をのせてホットサンドソロにセットし、ストッパー金具で固定する。弱〜中火にかけ、片面2〜3分ずつ焼いたら完成。

005 /100

POINT スパムの厚みはお好みで調整をしてください。マヨネーズを塗るときにからしを塗っても美味。

のりマヨスパムサンド

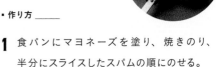

- **材料** _____

食パン（6枚切り）…1枚
スパム…50g
焼きのり…1/4枚
マヨネーズ…小さじ1

- **作り方** _____

1 食パンにマヨネーズを塗り、焼きのり、半分にスライスしたスパムの順にのせる。

2 ホットサンドソロに**1**をセットし、ストッパー金具で固定する。弱〜中火にかけ、片面2〜3分ずつ焼いたら完成。

POINT コンビーフと玉ねぎの相性はバツグン！ マスタードのアクセントがきいた、ちょっと大人の朝ごはん。

コンビーフオニオンサラダサンド

• 材料

食パン（6枚切り）…1枚

コンビーフ…35g

玉ねぎ…10g

マヨネーズ…小さじ1

マスタード…小さじ1/2

• 作り方

1 玉ねぎを薄切りにする。

2 ボウルにコンビーフ、マヨネーズ、マスタードを入れて混ぜ合わせる。

3 食パンに**1**、**2**の順にのせてホットサンドソロにセットし、ストッパー金具で固定する。弱〜中火にかけ、片面2〜3分ずつ焼いたら完成。

POINT しょうゆの塩味とコーンの甘味に、バターやこんがり焼いた風味も合わさり、子どもも大好きな一品に。

ひとりぶんの朝食サンド

焼きとうもろこしサンド

• 材料 _____

食パン（6枚切り）…1枚

ホールコーン缶…50g

バター…5g

しょうゆ…小さじ1/2

マヨネーズ…小さじ1

• 作り方 _____

1 ボウルにホールコーン、常温に戻したバター、しょうゆを入れて混ぜ合わせる。

2 ホットサンドソロに **1** を入れ、ストッパー金具で固定する。火にかけ、ほんのり焼き目がつくまで焼く。

3 食パンにマヨネーズを塗り、**2** をのせる。

4 ホットサンドソロに **3** をセットし、ストッパー金具で固定する。弱～中火にかけ、片面2～3分ずつ焼いたら完成。

POINT とろけるチーズを溶かすために、弱火でじっくりと加熱を。朝ごはんだけでなく、おつまみにもおすすめ。

おかかチーズサンド

・材料 _____

食パン（8枚切り）…1枚

かつお節…3g

とろけるチーズ（スライス）
…1枚

しょうゆ…小さじ1/2

・作り方 _____

1 ボウルにかつお節としょうゆを入れて混ぜ合わせる。

2 食パンにとろけるチーズ、**1**の順にのせてホットサンドソロにセットし、ストッパー金具で固定する。弱～中火にかけ、片面2～3分ずつ焼いたら完成。

POINT マスタードは粒タイプのものでも OK。かいわれ大根の代わりに、オニオンスライスなどでも。

009/100

ハニーマスタードチキンサンド

• 材料 _____

食パン（6枚切り）…1枚
サラダチキン（市販）…50g
かいわれ大根…5g
マヨネーズ…小さじ1
マスタード…小さじ1
はちみつ…小さじ1

• 作り方 _____

1 サラダチキンを手で割いてボウルに入れ、マヨネーズ、マスタード、はちみつで和える。

2 食パンに根元を切ったかいわれ大根、**1** の順にのせる。

3 ホットサンドソロに **2** をセットし、ストッパー金具で固定する。弱〜中火にかけ、片面2〜3分ずつ焼いたら完成。

梅しそチキンサンド

・材料 _____

食パン（6枚切り）…1枚

サラダチキン（市販）…30g

大葉…2枚

梅干し…1粒

とろけるチーズ（スライス）
…1枚

バター…10g

・作り方 _____

1 ホットサンドソロに常温に戻したバターを塗る。梅干しは種を除き、包丁の背で叩く。

2 食パンに大葉、とろけるチーズ、手で割いたサラダチキン、梅干しの順にのせる。

3 ホットサンドソロに**2**をセットし、ストッパー金具で固定する。弱～中火にかけ、片面2～3分ずつ焼いたら完成。

CHAPTER.1

ひとりぶんの朝食サンド

しそ香るタラモサンド

・材料

食パン(8枚切り)…1枚

明太子…30g

じゃがいも…60g

大葉…2枚

バター…10g

マヨネーズ…大さじ1

塩・こしょう…各少々

POINT

工程1の電子レンジの加熱時間は
様子を見て調整してください。大葉
の風味がアクセントの逸品。

・作り方

1 じゃがいもは皮をむいてひと口大に切る。耐熱ボウルに入れてふんわりラップをし、電子レンジで3分加熱する。

2 熱いうちに**1**をマッシャーなどでつぶし、薄皮を取り除いてほぐした明太子、常温に戻したバター、マヨネーズを加えて混ぜ、塩、こしょうで味を調える。

3 食パンに大葉、**2**の順にのせてホットサンドソロにセットし、ストッパー金具で固定する。弱～中火にかけ、片面2～3分ずつ焼いたら完成。

012/100

POINT キャベツは、コンビニなどで売られているカット野菜の「千切りキャベツ」を使用すると、さらに簡単に。

塩昆布のツナマヨサンド

・材料

食パン（6枚切り）…1枚

ツナ缶…25g

キャベツ…15g

塩昆布…4g

マヨネーズ…小さじ2

・作り方

1 ツナは油を切る。キャベツは千切りにする。

2 ボウルに、**1**、塩昆布、マヨネーズを入れて混ぜ合わせる。

3 食パンに**2**をのせてホットサンドソロにセットし、ストッパー金具で固定する。弱～中火にかけ、片面2～3分ずつ焼いたら完成。

POINT ごはんだけでなく、パンにも合う佃煮の「ごはんですよ!」。塩味が強いので、薄く塗り広げるイメージで。

ごはんですよ!サンド

・材料 _____

食パン(6枚切り)…1枚

ごはんですよ!(市販)
…小さじ2

とろけるチーズ(スライス)
…1枚

・作り方 _____

1 食パンにごはんですよ!を塗り、とろける
チーズをのせる。

2 ホットサンドソロに**1**をセットし、ストッ
パー金具で固定する。弱〜中火にかけ、
片面2〜3分ずつ焼いたら完成。

014 /100

POINT 工程**2**で粗挽き黒こしょうを振っても美味。クリームチーズは塗るタイプのものも市販されています。

生ハムとアボカドの
クリチーサンド

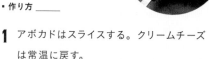

・材料 _____

食パン（8枚切り）…1枚

生ハム…2枚

アボカド…1/4個

クリームチーズ…1個（18g）

・作り方 _____

1 アボカドはスライスする。クリームチーズは常温に戻す。

2 食パンにクリームチーズを塗り、生ハム、アボカドの順にのせる。

3 ホットサンドソロに**2**をセットし、ストッパー金具で固定する。弱〜中火にかけ、片面2〜3分ずつ焼いたら完成。

POINT クリームチーズはカットしたものではなく、常温に戻したものを塗ると、他の具材も挟みやすくなります。

サーモンとアボカドの
クリチーサンド

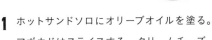

・材料

食パン（6枚切り）…1枚

スモークサーモン…20g

アボカド…1/4個

クリームチーズ…30g

粗挽き黒こしょう…少々

オリーブオイル…適量

・作り方

1 ホットサンドソロにオリーブオイルを塗る。アボカドはスライスする。クリームチーズは常温に戻す。

2 食パンにクリームチーズを塗り、サーモンとアボカドをのせ、黒こしょうを振る。

3 ホットサンドソロに**2**をセットし、ストッパー金具で固定する。弱〜中火にかけ、片面2〜3分ずつ焼いたら完成。

015/100

ひとりぶんの朝食サンド

ベーコンエッグサンド

・材料

食パン（8枚切り）…1枚

ベーコン（ハーフ）…2枚

卵…1個

マヨネーズ…小さじ1

味付塩こしょう…少々

A マヨネーズ…小さじ2
　からし…少々

・作り方

1 耐熱皿にキッチンペーパーを敷き、ベーコンをのせて電子レンジで30秒加熱する。

2 ボウルに卵を入れて溶きほぐし、マヨネーズ、味付塩こしょうを加えて混ぜ合わせる。ふんわりラップをし、電子レンジで40秒加熱する。取り出したらフォークなどでよく混ぜ、再度ふんわりラップをして電子レンジで10秒加熱し、スクランブルエッグを作る。

3 食パンに**A**のからしマヨネーズを塗り、**2**、**1**の順にのせる。

4 ホットサンドソロに**3**をセットし、ストッパー金具で固定する。弱〜中火にかけ、片面2〜3分ずつ焼いたら完成。

POINT

スクランブルエッグは電子レンジで作ります（工程**2**）。もちろん手間でなければフライパンで作っても◎。

017 /100

POINT 厚焼き玉子はお好みの味に作ってもOK。少し甘めに作ると、マヨネーズの塩味とのハーモニーが絶妙。

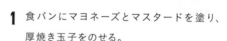

厚焼き玉子サンド

・材料 _____

食パン（6枚切り）…1枚
厚焼き玉子（市販）…50g
マヨネーズ…小さじ1
マスタード…小さじ1/2

・作り方 _____

1 食パンにマヨネーズとマスタードを塗り、厚焼き玉子をのせる。

2 ホットサンドソロに**1**をセットし、ストッパー金具で固定する。弱～中火にかけ、片面2～3分ずつ焼いたら完成。

018 /100

POINT ここでは生のディルを使っています
が、なければ乾燥ディルでも代用で
きます。味の決め手になるのでぜひ。

オニオンサーモンサンド

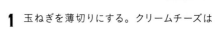

・材料 _____

食パン（6枚切り）…1枚

スモークサーモン…20g

玉ねぎ…10g

ディル…適量

クリームチーズ…1個（18g）

粗挽き黒こしょう…少々

・作り方 _____

1 玉ねぎを薄切りにする。クリームチーズは
常温に戻す。

2 食パンにクリームチーズを塗り、サーモン、
玉ねぎ、ディルをのせ、黒こしょうを振る。

3 ホットサンドソロに**2**をセットし、ストッ
パー金具で固定する。弱〜中火にかけ、
片面2〜3分ずつ焼いたら完成。

019
/100

サーモンオムレツサンド

・材料 _____

食パン（8枚切り）…1枚

さけ水煮缶…40g

ディル…適量

卵…1個

サワークリーム…大さじ1

塩…少々

粗挽き黒こしょう…少々

ピンクペッパー…適量

オリーブオイル…大さじ1

POINT

食パンで挟むとき、ディルクリームがあふれ出てこないように内側に押し込みながらセットを。

・作り方 _____

1 ボウルに卵を入れて溶きほぐし、水気を切ったさけの水煮、塩、黒こしょうを加えて混ぜ合わせる。

2 フライパンにオリーブオイル小さじ2を熱し、**1**を流し入れて混ぜ、スクランブルエッグを作る。

3 ボウルにサワークリームと刻んだディルを入れて練り合わせ、ディルクリームを作る。

4 食パンにオリーブオイル小さじ1を塗り、**3**、**2**、ピンクペッパーの順にのせる。

5 ホットサンドソロに**4**をセットし、ストッパー金具で固定する。弱～中火にかけ、片面2～3分ずつ焼いたら完成。

ひとりぶんの朝食サンド

POINT コッペパンはロールパンでも構いません。具材は菜箸で押し込みながら挟むとセットしやすいです。

ハムエッグパニーニ

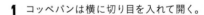

• 材料 _____

コッペパン…1個

ハム…1枚

ゆで卵…1/2個

とろけるチーズ（スライス）
…1枚

マヨネーズ…小さじ1

• 作り方 _____

1 コッペパンは横に切り目を入れて開く。

2 **1**にとろけるチーズ、ハム、輪切りにしたゆで卵の順にのせ、マヨネーズをかける。

3 ホットサンドソロに**2**をセットし、ストッパー金具で固定する。弱～中火にかけ、片面2～3分ずつ焼いたら完成。

021 /100

POINT さけるチーズをとろけさせたい場合は、食べる直前に電子レンジでチンしてください。

チーズドッグ風
ピザサンド

・材料

食パン（8枚切り）…1枚

ウインナー…1本

ピーマン…1/4個

さけるチーズ（市販）…1本

ピザソース…大さじ1/2

・作り方

1 ウインナーはホットサンドソロで焼く。ピーマンは輪切りにする。

2 食パンにピザソースを塗り、**1**とさけるチーズをのせる。

3 ホットサンドソロに**2**をセットし、ストッパー金具で固定する。弱〜中火にかけ、片面2〜3分ずつ焼いたら完成。

CHAPTER.1

ひとりぶんの朝食サンド

ハムチーのロールフレンチサンド

・材料 _____

食パン（6枚切り）…2枚

ハム…2枚

溶き卵…1/2個分

牛乳…大さじ2

とろけるチーズ（スライス）
…2枚

バター（無塩）…適量

砂糖…小さじ1/2

メープルシロップ…適量

POINT

工程**2**で巻いた後にラップで包むと
崩れにくくなります。具材は、ジャ
ムやチョコ、フルーツなどお好みで。

・作り方 _____

1 ホットサンドソロに常温に戻したバターを
塗る。食パンは耳を切り落とし、麺棒な
どで軽くのばす。

2 食パンにハムととろけるチーズをのせ、1
枚ずつ巻く。

3 バットに溶き卵、牛乳、砂
糖を入れて混ぜ合わせ、**2**を
さっとくぐらせる。

4 ホットサンドソロに**3**をセット
し、ストッパー金具で固定する。弱〜中
火にかけ、片面2〜3分ずつ焼く。

5 焼き上がったらお好みのサイズにカットし、
メープルシロップをかけて完成。

ひとりぶんの朝食サンド

/100

POINT 工程**3**で、コーンクリームをしっかりと冷やしてとろみをつけるのがポイント。パンに挟みやすくなります。

コーンクリームサンド

・材料

食パン（8枚切り）…1枚

ホールコーン缶…10g

コーンスープの素…1/2袋

牛乳…60cc

バター…10g

塩・こしょう…各少々

・作り方

1 ホットサンドソロに常温に戻したバターを塗る。

2 耐熱ボウルにコーンスープの素と牛乳を入れて混ぜ合わせる。ふんわりラップをし、電子レンジで1分加熱する。

3 **2**にホールコーン、塩、こしょうを加えて混ぜ、粗熱を取ったら冷蔵庫で1時間冷やす。

4 食パンに**3**をのせてホットサンドソロにセットし、ストッパー金具で固定する。弱〜中火にかけ、片面2〜3分ずつ焼いたら完成。

CHAPTER. **2**

がっつり
ごちそうサンド

食パン1枚だけど、具材にボリュームを持たせれば、しっかりと食べたい夕食時にもぴったり。ワンハンドサイズなので、具材を変えて2つ目、3つ目と手が進んでしまいそう。市販品や缶詰も使って簡単においしいホットサンドを。来客時にも重宝するレシピばかりです。

がっつりごちそうサンド

024/100

POINT レトルトカレーは温めずにのせること。バターを多めに使うことで揚げたカレーパンのような食感に。

カレーパン風サンド

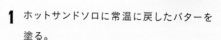

・材料＿＿＿＿＿

食パン（8枚切り）…1枚
カレー（レトルト）…1/2袋
とろけるチーズ…5g
バター…10g

・作り方＿＿＿＿＿

1 ホットサンドソロに常温に戻したバターを塗る。

2 食パンにカレー、とろけるチーズの順にのせてホットサンドソロにセットし、ストッパー金具で固定する。弱〜中火にかけ、片面2〜3分ずつ焼いたら完成。

POINT 食パンの両面にマーガリンを塗ることで、よりピロシキの食感を再現。マーガリンは常温に戻したバターでも。

ピロシキ風サンド

・材料

食パン（6枚切り）…1枚
牛豚合いびき肉…30g
玉ねぎ…25g
にんじん…25g
にんにく…1/2片
マーガリン…適量
ウスターソース…小さじ1
ナツメグ…少々
塩・こしょう…各少々
サラダ油…小さじ1

・作り方

1 玉ねぎ、にんじん、にんにくをみじん切りにし、サラダ油を熱したフライパンで炒める。

2 ひき肉を加えて炒め、ウスターソース、ナツメグ、塩、こしょうを加えてさらに炒め合わせる。

3 食パンの両面にマーガリンを塗り、**2**をのせる。

4 ホットサンドソロに**3**をセットし、ストッパー金具で固定する。弱～中火にかけ、片面2～3分ずつ焼いたら完成。

026/100

POINT モッツァレラチーズは細かくちぎり、中央に配置するとあふれ出ません。お好みでバジルを加えると美味。

カルツォーネ風サンド

・材料_____

食パン（6枚切り）…1枚
ミートソース…大さじ1
モッツァレラチーズ…30g
オリーブオイル…小さじ1

・作り方_____

1 食パンにオリーブオイルを塗る。

2 オリーブオイルを塗った面を下にしてミートソースを塗り、モッツァレラチーズをちぎってのせる。

3 ホットサンドソロに**2**をセットし、ストッパー金具で固定する。弱～中火にかけ、片面2～3分ずつ焼いたら完成。

POINT モッツァレラチーズは、とろけるチーズに代えてももちろんOK。弱火でじっくりと焼くととろ〜り。

マルゲリータサンド

- 材料 _____

食パン（6枚切り）…1枚

ミニトマト…2個

バジルの葉…3枚

モッツァレラチーズ…30g

ピザソース…大さじ1

塩…少々

粗挽き黒こしょう…少々

オリーブオイル…少々

- 作り方 _____

1 モッツァレラチーズは5mm幅に、ミニトマトは横半分に切る。

2 食パンにピザソースを塗り、**1**、バジルの葉をのせる。さらに塩、黒こしょう、オリーブオイルをかける。

3 ホットサンドソロに**2**をセットし、ストッパー金具で固定する。弱〜中火にかけ、片面2〜3分ずつ焼いたら完成。

POINT 具材はよく汁気を切ってからオン。
キャベツの千切りはコンビニなどで
売っている市販のものでOK。

メンチカツ風サンド

・材料

食パン（8枚切り）…1枚

豚ひき肉…50g

玉ねぎ…10g

キャベツ…10g

中濃ソース…小さじ2

塩・こしょう…各少々

・作り方

1 玉ねぎはみじん切りに、キャベツは千切りにする。

2 耐熱ボウルに食パンとキャベツ以外の材料をすべて入れ、よく混ぜ合わせる。ふんわりラップをし、電子レンジで1分加熱する。

3 食パンにキャベツ、**2**の順にのせてホットサンドソロにセットし、ストッパー金具で固定する。弱～中火にかけ、片面2～3分ずつ焼いたら完成。

POINT 駄菓子の「ビッグカツ」がごちそうに変身。キャベツの千切りは市販のものでOK。

ビッグカツでミルフィーユカツサンド

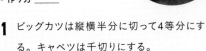

・材料 _____

食パン（6枚切り）…1枚
ビッグカツ（市販）…1枚
キャベツ…10g
中濃ソース…小さじ1

・作り方 _____

1 ビッグカツは縦横半分に切って4等分にする。キャベツは千切りにする。

2 食パンに中濃ソースを塗り、キャベツ、ビッグカツの順にのせる。

3 ホットサンドソロに**2**をセットし、ストッパー金具で固定する。弱～中火にかけ、片面2～3分ずつ焼いたら完成。

アップルシナモンポークサンド

- 材料 _____

食パン(6枚切り)…1枚

豚こま切れ肉…40g

りんご…20g

バター…適量

A
| 赤ワイン…小さじ1
| しょうゆ…小さじ1
| はちみつ…小さじ1/2
| シナモンパウダー…少々

サラダ油…少々

POINT

具の汁気はしっかり切ってからのせ
て。りんごのシャキシャキ食感とう
ま味たっぷりの豚肉の相性が最高。

- 作り方 _____

1 りんごは薄切りにする。

2 ボウルに豚肉と**A**を入れて揉み込む。

3 フライパンにサラダ油を熱し、**2**を炒める。

4 食パンに常温に戻したバターを塗り、塗った面を下にして**3**とりんごをのせる。

5 ホットサンドソロに**4**をセットし、ストッパー金具で固定する。弱〜中火にかけ、片面2〜3分ずつ焼いたら完成。

POINT 具材はよく汁気を切ってから食パンにのせてください。弱火でじっくりと焼き上げるとチーズがとろけます。

031 /100

豚キムチーズサンド

・材料 _____

食パン（8枚切り）…1枚

豚こま切れ肉…50g

ニラ…5g

キムチ…30g

とろけるチーズ…10g

焼肉のたれ…小さじ1

ごま油…小さじ1/2

・作り方 _____

1 ニラは3cm幅に切る。

2 耐熱ボウルに豚肉、ニラ、キムチ、焼肉のたれ、ごま油を入れて軽く混ぜる。ふんわりラップをし、電子レンジで2分30秒〜3分加熱する。

3 食パンにとろけるチーズ、**2**の順にのせてホットサンドソロにセットし、ストッパー金具で固定する。弱〜中火にかけ、片面2〜3分ずつ焼いたら完成。

POINT 具材を挟み込むときは汁気をよく切ってから。菜箸などでぐっと中に押し込んで具材が出ないように。

しょうが焼きサンド

・材料 _____

食パン（6枚切り）…1枚
豚こま切れ肉…40g
玉ねぎ…20g
キャベツ…15g

A しょうが（すりおろし）…小さじ1
しょうゆ…小さじ1
みりん…小さじ1/2
砂糖…小さじ1

マヨネーズ…小さじ1
サラダ油…少々

・作り方 _____

1 玉ねぎは薄切りに、キャベツは千切りにする。

2 ボウルに豚肉と**A**を入れて揉み込む。

3 フライパンにサラダ油を熱し、玉ねぎと豚肉を炒める。

4 食パンにマヨネーズを塗り、キャベツ、**3**の順にのせる。

5 ホットサンドソロに**4**をセットし、ストッパー金具で固定する。弱〜中火にかけ、片面2〜3分ずつ焼いたら完成。

パイナップルと牛肉のトロピカルサンド

• 材料 _____

食パン（6枚切り）…1枚
牛薄切り肉…30g

A｜にんにく（すりおろし）
　　…小さじ1/2
　　しょうが（すりおろし）
　　…小さじ1/2
　　片栗粉…小さじ1/2
　　ナンプラー…小さじ1
　　砂糖…小さじ1
　　レモン汁…小さじ1
　　水…小さじ1

パクチー…適量
パイナップル缶（カット）…25g
ミックスナッツ…10g
サラダ油…適量

• 作り方 _____

1 ミックスナッツは粗く刻む。

2 ボウルに牛肉と **A** を入れて揉み込む。

3 フライパンにサラダ油少々を
中火で熱し、**2** とパイナップ
ルを2分炒める。

4 食パンにサラダ油小さじ1を
塗り、塗った面を下にしてパ
クチー、**3**、**1** の順にのせる。

5 ホットサンドソロに **4** をセットし、ストッ
パー金具で固定する。弱〜中火にかけ、
片面2〜3分ずつ焼いたら完成。

POINT

牛肉のうま味とパイナップルの甘味
がマッチして、ジューシーな仕上が
りに。汁気は切ってから食パンに。

がっつりごちそうサンド

034/100

POINT 目玉焼きは弱火でじっくりと固焼きにすると、挟むときに黄身があふれず、きれいな仕上がりに。

甘辛すき焼きサンド

・材料 _____

食パン(8枚切り)…1枚
牛こま切れ肉…25g
長ねぎ…10g
卵…1個

A
片栗粉…小さじ1/4
しょうゆ…小さじ1
酒…小さじ1/2
みりん…小さじ1
砂糖…小さじ1

サラダ油…小さじ1/2

・作り方 _____

1 耐熱ボウルに牛肉、斜め薄切りにした長ねぎ、**A**を入れて混ぜる。ふんわりラップをし、電子レンジで1分30秒加熱する。取り出したら混ぜ、電子レンジで1分加熱する。

2 ホットサンドソロにサラダ油を弱火で熱し、卵を割り入れて焼き、目玉焼きを作る。

3 食パンに**1**、**2**の順にのせてホットサンドソロにセットし、ストッパー金具で固定する。弱〜中火にかけ、片面2〜3分ずつ焼いたら完成。

POINT やきとりが大きい場合は、少しほぐしてから食パンにのせると、挟みやすくなります。

鶏天むす風サンド

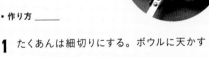

・材料

食パン（6枚切り）…1枚

やきとり缶（たれ）
…1/2缶（30g）

たくあん…5g

天かす…5g

焼きのり…適量

めんつゆ（3倍濃縮）
…大さじ1/2

・作り方

1 たくあんは細切りにする。ボウルに天かすとめんつゆを入れて合わせる。

2 食パンにやきとりと天かすをのせ、たくあんを散らす。

3 ホットサンドソロに**2**をセットし、ストッパー金具で固定する。弱～中火にかけ、片面2～3分ずつ焼く。

4 焼き上がったら焼きのりを巻いて完成。

CHAPTER 2　がっつりごちそうサンド

ガパオサンド

・材料

食パン(6枚切り)…1枚
鶏ひき肉…30g
玉ねぎ…20g
ピーマン…10g
赤パプリカ…10g
バジルの葉…4枚
にんにく…1/2片

A
オイスターソース…小さじ1/2
ナンプラー…小さじ1/2
酒…小さじ1/2
砂糖…小さじ1/2

豆板醤…小さじ1/2
サラダ油…少々

・作り方

1 玉ねぎ、ピーマン、赤パプリカは5mm角に切る。にんにくはみじん切りにする。

2 フライパンにサラダ油を熱し、豆板醤、にんにく、ひき肉、1を炒める。

3 Aを加えてさらに炒め、ちぎったバジルの葉を加えてさっと混ぜ合わせる。

4 食パンに3をのせてホットサンドソロにセットし、ストッパー金具で固定する。弱～中火にかけ、片面2～3分ずつ焼いたら完成。

POINT

バジルの葉は加熱しすぎないほうが香りが立ちます。具の量を減らして、目玉焼きをトッピングしても。

がっつりごちそうサンド

/100

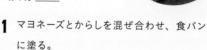

POINT あまったきんぴらごぼうを再利用。
照り焼きチキンと合わせることで、
ボリューム満点の一品に。

きんぴらチキンサンド

・材料

食パン（8枚切り）…1枚
照り焼きチキン（市販）…50g
きんぴらごぼう（市販）…15g
マヨネーズ…小さじ1
からし…少々

・作り方

1 マヨネーズとからしを混ぜ合わせ、食パン
に塗る。

2 1にきんぴらごぼう、照り焼きチキンの順
にのせてホットサンドソロにセットし、ス
トッパー金具で固定する。弱〜中火にか
け、片面2〜3分ずつ焼いたら完成。

038/100

POINT **POINT** 本書では冷凍食品の「甘酢だれ唐揚げ」を使用。冷凍の場合は電子レンジで加熱してから使ってください。

チキン南蛮サンド

・材料 _____

食パン（6枚切り）…1枚
甘酢だれ唐揚げ（市販）…2個
タルタルソース…大さじ1

・作り方 _____

1 甘酢だれ唐揚げは食べやすい大きさに切る。

2 食パンにタルタルソースを塗り、**1**をのせる。

3 ホットサンドソロに**2**をセットし、ストッパー金具で固定する。弱〜中火にかけ、片面2〜3分ずつ焼いたら完成。

がっつりごちそうサンド

しびれ麻婆サンド

- **材料** ＿＿＿＿＿

食パン（8枚切り）…1枚
豚ひき肉…40g
木綿豆腐…20g
長ねぎ…5g

A
にんにく（すりおろし）
…少々
しょうが（すりおろし）
…少々
焼肉のたれ…大さじ1
豆板醤…少々
ごま油…少々

水溶き片栗粉
（片栗粉…小さじ1/3、
水…小さじ1）
花椒（ホアジャオ）…適量

POINT

水溶き片栗粉でとろみをつけ、パン
から染み出さないようにしています。
さらに汁気を切ってから挟んで。

- **作り方** ＿＿＿＿＿

1 豆腐は1.5cm角に切る。長ねぎはみじん
切りにする。

2 耐熱ボウルにひき肉、長ねぎ、**A**を入
れて混ぜ合わせる。ふんわりラップをし、
電子レンジで2分加熱する。

3 取り出したら混ぜ、豆腐、水
溶き片栗粉を加えてさらに電
子レンジで1分加熱する。取
り出したら、花椒を加えて全
体をさっと混ぜ合わせる。

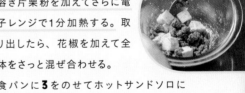

4 食パンに**3**をのせてホットサンドソロに
セットし、ストッパー金具で固定する。
弱〜中火にかけ、片面2〜3分ずつ焼い
たら完成。

がっつりごちそうサンド

040/100

POINT パクチーがなければ、キャベツなどの葉野菜で代用しても◎。**A**にマヨネーズを合わせても美味。

マーラー
麻辣よだれ鶏サンド

・材料

食パン（6枚切り）…1枚

サラダチキン（市販）…1/2枚

パクチー…適量

ミックスナッツ…10g

A | 麻辣醤（マーラージャン）…小さじ1/2
　　| 砂糖…小さじ1/2
　　| ごま油…小さじ1/2

・作り方

1 サラダチキンは手で割く。ミックスナッツは粗く刻む。

2 食パンに混ぜ合わせた **A** を塗り、パクチー、**1**の順にのせる。

3 ホットサンドソロに **2** をセットし、ストッパー金具で固定する。弱〜中火にかけ、片面2〜3分ずつ焼いたら完成。

POINT 背徳感がある、がっつり系の男子向けメニュー。辛いものが好きな人はラー油の量を足しても!

炙りチャーシューサンド

・材料 _____

食パン（6枚切り）…1枚

チャーシュー（薄切り）…40g

長ねぎ…10g

マヨネーズ…小さじ2

食べるラー油…小さじ1

・作り方 _____

1 長ねぎをみじん切りにする。

2 ホットサンドソロにチャーシューをのせて火にかけ、軽く焦げ目がつくまで焼く。

3 マヨネーズ、ラー油、**1**を合わせ、**2**を和える。

4 食パンに**3**をのせてホットサンドソロにセットし、ストッパー金具で固定する。弱〜中火にかけ、片面2〜3分ずつ焼いたら完成。

がっつりごちそうサンド

POINT 火加減で中のレア加減が変わるので調整を。市販のカットレタスやオニオンスライスを使えばより簡単！

ローストビーフサンド

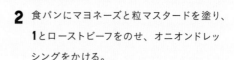

・材料

食パン（8枚切り）…1枚

ローストビーフ…2枚（25g）

レタス…10g

玉ねぎ…5g

オニオンドレッシング…小さじ1

マヨネーズ…小さじ2

粒マスタード…小さじ1

・作り方

1 レタスはひと口大に切り、玉ねぎは薄切りにする。

2 食パンにマヨネーズと粒マスタードを塗り、**1**とローストビーフをのせ、オニオンドレッシングをかける。

3 ホットサンドソロに**2**をセットし、ストッパー金具で固定する。弱～中火にかけ、片面2～3分ずつ焼いたら完成。

POINT パテの代わりにスパムを使うことで
お手軽に。食パンににんにくを塗り、
ガーリックトースト風に。

スパムでお手軽
バインミー風サンド

• 材料 _____

食パン（6枚切り）…1枚
スパム…25g
にんじん…15g
大根…25g
パクチー…適量
にんにく（すりおろし）…小さじ1
バター…5g
砂糖…小さじ1/4
酢…小さじ1/4
塩…ひとつまみ

• 作り方 _____

1 にんじんと大根を千切りにし、塩で揉む。
水分を絞ったら砂糖と酢で和え、紅白な
ますを作る。

2 食パンに常温に戻したバターとにんにくを
塗り、パクチー、食べやすい大きさに切っ
たスパム、**1**の順にのせる。

3 ホットサンドソロに**2**をセットし、ストッ
パー金具で固定する。弱〜中火にかけ、
片面2〜3分ずつ焼いたら完成。

065

POINT トルコ名物をアレンジ。さば缶ではなく、切り身を使うことでボリュームも上がり、本格的な味わいに。

さばサンド

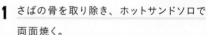

・材料 _____

食パン（8枚切り）…1枚

塩さば（切り身）…1切れ

サニーレタス…1/3枚

トマト…1/4個

レモン…1/8個

マヨネーズ…小さじ2

・作り方 _____

1 さばの骨を取り除き、ホットサンドソロで両面焼く。

2 食パンにマヨネーズを塗り、レタス、薄切りにしたトマト、**1**の順にのせる。

3 ホットサンドソロに**2**をセットし、ストッパー金具で固定する。弱〜中火にかけ、片面2〜3分ずつ焼いたら完成。レモンをしぼっていただく。

の下に忍ばせます。飛び出してきたら大惨事になるので要注意。

POINT とろけるチーズはカレーの下に忍ばせます。飛び出してきたら大惨事になるので要注意。

さば缶キーマカレーサンド

・材料

食パン（8枚切り）…1枚
さば水煮缶…40g
玉ねぎ…20g
にんじん…15g
トマト缶（カット）…40g
にんにく…1/2片
とろけるチーズ…10g

A｛ ウスターソース…小さじ1
ケチャップ…小さじ1
砂糖…ひとつまみ
カレー粉…小さじ1

サラダ油…小さじ1

・作り方

1 玉ねぎ、にんじん、にんにくをみじん切りにし、サラダ油を熱したフライパンで炒める。

2 さばの水煮を加えてさらに炒め、**A**とトマトを加えて混ぜ合わせながら汁気を飛ばす。

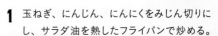

3 食パンにとろけるチーズ、**2**の順にのせてホットサンドソロにセットし、ストッパー金具で固定する。弱～中火にかけ、片面2～3分ずつ焼いたら完成。

067

046/100

POINT しょうがの甘酢漬けを入れることで、さっぱり感が増します。さばの味噌煮との相性もバツグンです。

さばマヨチーのガリサンド

・材料

食パン(6枚切り)…1枚

さば味噌煮缶…40g

大葉…2枚

しょうがの甘酢漬け…5g

とろけるチーズ(スライス)
…1/2枚

バター…10g

マヨネーズ…小さじ1

・作り方

1 ボウルに汁気を切ったさばの味噌煮とマヨネーズを入れ、さばの身をほぐしながら混ぜ合わせる。

2 食パンに常温に戻したバターを塗り、とろけるチーズ、大葉、**1**、しょうがの甘酢漬けの順にのせる。

3 ホットサンドソロに**2**をセットし、ストッパー金具で固定する。弱〜中火にかけ、片面2〜3分ずつ焼いたら完成。

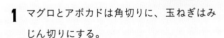

047 /100

POINT 工程**2**でしばらく浸けておくと味が染みてさらにおいしい。レアにしたかったら火加減を調節してください。

ポキ風サンド

・材料

食パン（6枚切り）…1枚

マグロ（サク）…40g

玉ねぎ…5g

アボカド…1/4個

A
| しょうゆ…小さじ1
| みりん…小さじ1
| ごま油…少々

・作り方

1 マグロとアボカドは角切りに、玉ねぎはみじん切りにする。

2 ボウルに**1**と**A**を入れて和える。

3 食パンに**2**をのせてホットサンドソロにセットし、ストッパー金具で固定する。弱〜中火にかけ、片面2〜3分ずつ焼いたら完成。

048
/100
CHAPTER.2
がっつりごちそうサンド

バインセオ風サンド

- **材料** _____

食パン（8枚切り）…1枚

むきエビ…3尾

サニーレタス…1/3枚

もやし…40g

ミント…適量

にんにく…1/2片

ココナッツチップス…適宜

A	ナンプラー…小さじ1
	砂糖…小さじ1
	レモン汁…小さじ1
	ターメリック…小さじ1/4
	塩・こしょう…各少々

ココナッツオイル…適量

POINT

ココナッツチップスはあればぜひ入れてください。より本格的な味わいを楽しめます。

- **作り方** _____

1 にんにくはみじん切りにする。

2 フライパンにココナッツオイル小さじ1を熱し、**1**とエビを炒める。エビの色が変わったらもやしを加えてさっと炒め、**A**を加えてさらに炒め合わせて汁気を飛ばす。

3 食パンにココナッツオイル適量を塗り、レタス、**2**、ミント、ココナッツチップスをのせる。

4 ホットサンドソロに**3**をセットし、ストッパー金具で固定する。弱〜中火にかけ、片面2〜3分ずつ焼いたら完成。

がっつりごちそうサンド

049 /100

POINT エビフライの大きさに合わせて本数は調整を。お好みで、尾を切り落としてから入れてください。

タルタルエビフライサンド

・材料

食パン（8枚切り）…1枚
エビフライ（市販）…1本
キャベツ…5g
バター…適量
中濃ソース…適量
タルタルソース…適量

・作り方

1 キャベツを千切りにする。

2 食パンに常温に戻したバターを塗り、**1**、エビフライの順にのせる。エビフライの上に中濃ソースをかけ、さらにタルタルソースをのせる。

3 ホットサンドソロに**2**をセットし、ストッパー金具で固定する。弱〜中火にかけ、片面2〜3分ずつ焼いたら完成。

050 /100

POINT 市販のエビシューマイを使うことで、面倒なエビの下処理が省けます。お好みでパクチーを添えて。

エビパン風サンド

• 材料 _____

食パン（6枚切り）…1枚
エビシューマイ（冷凍）…3個
パクチー…適宜
ナンプラー…小さじ1/2
スイートチリソース…適量

• 作り方 _____

1 エビシューマイをパッケージの表示通りに加熱する。

2 ボウルに**1**を入れてフォークでつぶし、ナンプラーを加えて混ぜ合わせる。

3 食パンに**2**をのせてホットサンドソロにセットし、ストッパー金具で固定する。弱〜中火にかけ、片面2〜3分ずつ焼く。お好みでパクチーをトッピングし、スイートチリソースをつけていただく。

エビとブロッコリーのタルタルサンド

- **材料** ＿＿＿＿

食パン（8枚切り）…1枚

むきエビ（冷凍）…30g

ブロッコリー（冷凍）…20g

とろけるチーズ…5g

バター…10g

タルタルソース…大さじ1

酒…小さじ1/2

POINT

もちろんエビとブロッコリーは冷凍
じゃなくてもOK。タルタルソースが
ない場合はマヨネーズで和えても◎。

- **作り方** ＿＿＿＿

1 耐熱ボウルに凍ったままのエビを入れて
酒を振る。ふんわりラップをし、電子レン
ジで1分加熱する。

2 耐熱ボウルに凍ったままのブロッコリーを
入れてふんわりラップをし、電子レンジで
1分加熱する。

3 水気をしっかり切った**1**と**2**をボウルに入
れ、とろけるチーズとタルタルソースを加
えてよく和える。

4 食パンに常温に戻したバターを塗り、**3**
をのせる。

5 ホットサンドソロに**4**をセットし、ストッ
パー金具で固定する。弱〜中火にかけ、
片面2〜3分ずつ焼いたら完成。

がっつりごちそうサンド

POINT コロッケを作る手間を省いたグラコロ風。カニ風味かまぼこはサイズによって調整をしてください。

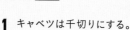

カニカマグラコロ風サンド

・材料 _____

食パン（8枚切り）…1枚
カニ風味かまぼこ…3本
キャベツ…10g
とろけるチーズ…5g
ホワイトソース…大さじ1

・作り方 _____

1 キャベツは千切りにする。

2 食パンにホワイトソースを塗り、**1**、とろけるチーズ、カニ風味かまぼこの順にのせる。

3 ホットサンドソロに**2**をセットし、ストッパー金具で固定する。弱～中火にかけ、片面2～3分ずつ焼いたら完成。

おやつは
ホットサンド

フルーツにチョコレートやキャラメルを合わせたり、和菓子にクリームチーズやバターを合わせたり。絶妙な組み合わせの具材を食パンで挟んでジュッと焼くことで、ワンランク上のおやつに。食パンのカリッとした食感に具材がとろ〜り、極上のスイーツ系ホットサンド。

きな粉揚げパン風サンド

- 材料 _____

食パン（8枚切り）…1枚

A
　きな粉…小さじ2
　砂糖…小さじ1
　塩…少々

バター（無塩）…10g

サラダ油…小さじ2

POINT

揚げないけど揚げパン風になるメニュー。バターがあふれ出さないように気をつけてください。

- 作り方 _____

1 食パンにサラダ油を塗り、塗った面を下にしてバターをのせる。

2 ホットサンドソロに**1**をセットし、ストッパー金具で固定する。弱〜中火にかけ、片面2〜3分ずつ焼く。

3 合わせた**A**を焼き上げた**2**の全体にまぶしたら完成。

054/100

POINT いちごはサイズによって挟みやすい大きさにカットしてください。お好みで、粒あんはこしあんに代えて。

いちご大福サンド

・材料

食パン（8枚切り）…1枚
スライス餅…1枚
いちご…2粒
粒あん…50g

・作り方

1 いちごを半分に切る。

2 食パンに粒あんを塗り、スライス餅、**1**の順にのせる。

3 ホットサンドソロに**2**をセットし、ストッパー金具で固定する。弱〜中火にかけ、片面2〜3分ずつ焼いたら完成。

055 /100

POINT 具材があふれ出ないよう、雪見だいふくの断面をパンにくっつけるようにしてください。バター風味が美味。

雪見だいふくの とろ〜りチョコサンド

• 材料 _____

食パン（6枚切り）…1枚
雪見だいふく（市販）…1個
チョコレートソース…適量
バター…適量

• 作り方 _____

1 ホットサンドソロに常温に戻したバターを薄く塗る。

2 食パンに半分に切った雪見だいふくをのせ、チョコレートソースをかける。

3 ホットサンドソロに **2** をセットし、ストッパー金具で固定する。弱〜中火にかけ、片面2〜3分ずつ焼いたら完成。

大学いも風サンド

材料 _____

食パン（6枚切り）…1枚

焼きいも…50g

黒炒りごま…適量

バター…5g

しょうゆ…小さじ1

砂糖…大さじ1

POINT

表面にたれを塗っていて焼き目がつきやすいので、焦げつかないように注意を。バニラアイスを添えても◎。

作り方 _____

1 食パンに常温に戻したバターを塗る。

2 しょうゆと砂糖を合わせて**1**に塗り、黒炒りごまを散らす。塗った面を下にし、皮をむいた焼きいもをほぐしながらのせる。

3 ホットサンドソロに**2**をセットし、ストッパー金具で固定する。弱〜中火にかけ、片面2〜3分ずつ焼いたら完成。

おやつはホットサンド

057 /100

POINT ようかんがとろとろになり、食感もおいしい。クリームチーズの濃厚さとバターの風味がおいしさを後押し。

ようかんで小倉バターサンド

• 材料 _____

食パン（6枚切り）…1枚

ようかん…25g

クリームチーズ…1個（18g）

バター…20g

• 作り方 _____

1 食パンに常温に戻したバター10gを塗り、ようかんとクリームチーズをのせる。

2 ホットサンドソロに常温に戻したバター10gを塗って**1**をセットし、ストッパー金具で固定する。弱〜中火にかけ、片面2〜3分ずつ焼いたら完成。

POINT バターを表面に塗ると焦げやすいので、火加減を調節してください。ナッツ類を加えるのもおすすめ。

とろけるレーズンチーズサンド

・材料 _____

食パン（8枚切り）…1枚

レーズン…10g

クリームチーズ…30g

バター（無塩）…10g

砂糖…小さじ1

・作り方 _____

1 ボウルに常温に戻したクリームチーズと砂糖を入れて混ぜ合わせ、さらにレーズンを加えて混ぜる。

2 食パンに常温に戻したバターを塗り、塗った面を下にして**1**をのせる。

3 ホットサンドソロに**2**をセットし、ストッパー金具で固定する。弱〜中火にかけ、片面2〜3分ずつ焼いたら完成。

クッキークリームチーズサンド

・材料 _____

食パン(8枚切り)…1枚

クリームサンドココアクッキー
…2枚

ブラックチョコレート…10g

クリームチーズ…30g

バター…適量

POINT

焼く前にバターを塗ることで、より風
味よく仕上がります。クッキーやチョ
コレートはお好みのもので。

・作り方 _____

1 チョコレートは細かく砕く。
ホットサンドソロに常温に戻
したバターを薄く塗る。

2 食パンに常温に戻したクリー
ムチーズを塗り、ココアクッ
キーとチョコレートをのせる。

3 ホットサンドソロに**2**をセットし、ストッ
パー金具で固定する。弱～中火にかけ、
片面2～3分ずつ焼いたら完成。

060/100

POINT 外側にバターとグラニュー糖をまぶして焼くことで、パリッとした食感に仕上がります。

おやつはホットサンド

バナナのキャラメリゼ風サンド

• 材料

食パン（6枚切り）…1枚

バナナ…小1本

バター…適量

グラニュー糖…大さじ1/2

メープルシロップ…小さじ2

• 作り方

1 バナナは輪切りにする。

2 食パンに常温に戻したバターを塗り、グラニュー糖をまぶす。まぶした面を下にし、メープルシロップを塗り、**1**をのせる。

3 ホットサンドソロに**2**をセットし、ストッパー金具で固定する。弱〜中火にかけ、片面2〜3分ずつ焼いたら完成。

061/100

POINT お好みでバターを塗って焼いても風味がアップします。キットカットは種類もいろいろ。お好みでチョイスを。

キットカットでチョコバナナサンド

• 材料 _____

食パン（6枚切り）…1枚

バナナ…20g

キットカット（市販）…10g

• 作り方 _____

1 バナナは5mm幅の斜め切りにする。キットカットは粗く刻む。

2 食パンに**1**をのせてホットサンドソロにセットし、ストッパー金具で固定する。弱～中火にかけ、片面2～3分ずつ焼いたら完成。

089

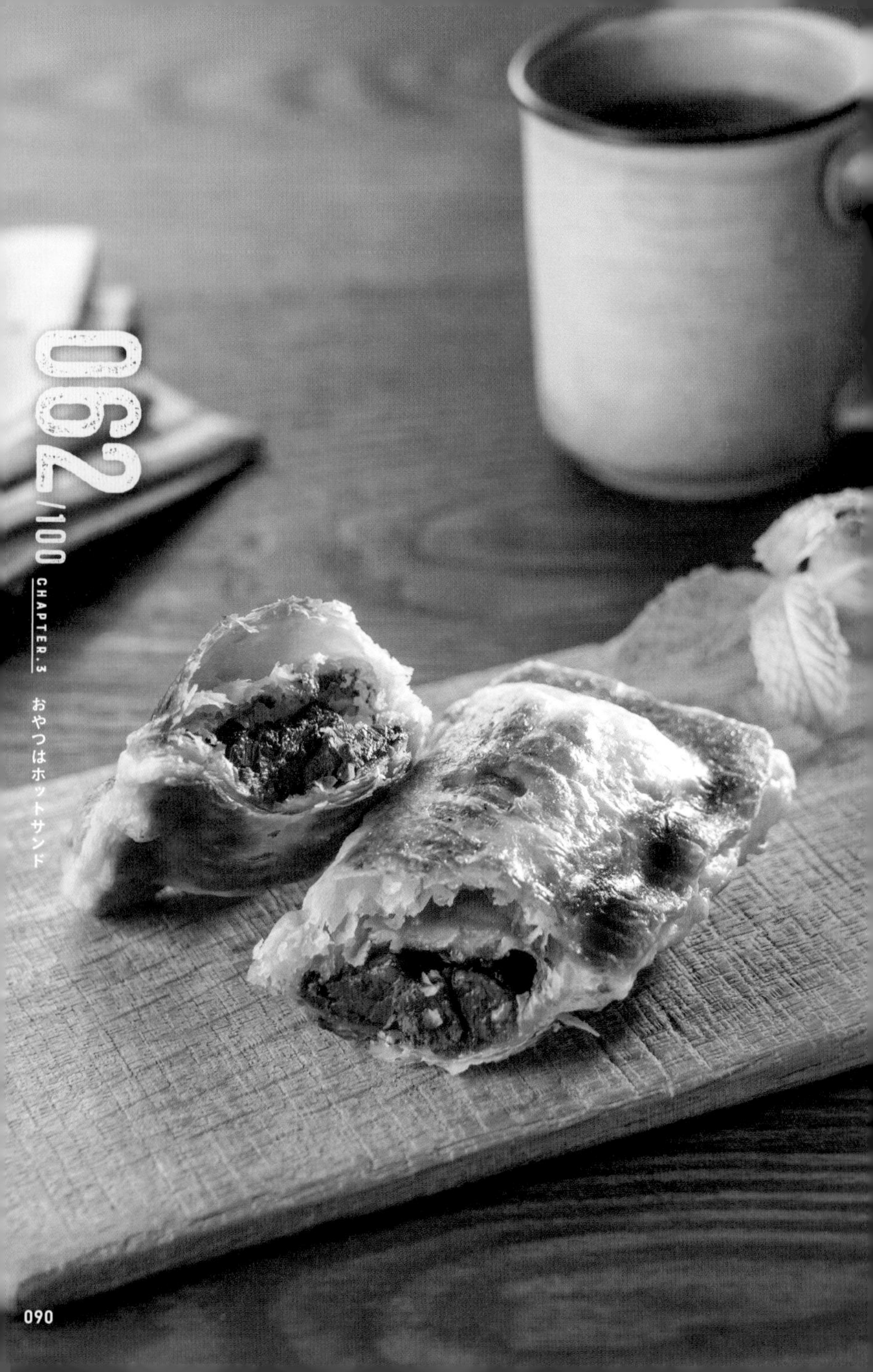

062/100

CHAPTER.3

おやつはホットサンド

チョコナッツパイ

・材料

パイシート（冷凍）…1/2枚
ミックスナッツ…5g
ミルクチョコレート…20g

POINT

焦げやすいので極弱火で様子を見
ながら焼いてください。パイシートは
パンを焼く際より時間がかかります。

・作り方

1 冷凍のパイシートを5分常温
に戻したら、半分に切る。ホッ
トサンドソロのサイズに合わ
せて麺棒でのばし、フォーク
で穴をあける。

2 ミックスナッツとチョコレートを粗く刻む。

3 ホットサンドソロにパイシート1枚をセット
し、**2**をのせる。

4 もう1枚のパイシートをかぶせてフチを
フォークで閉じ、ストッパー金具で固定
する。極弱火にかけ、片面8〜10分ずつ
焼いたら完成。

CHAPTER.3

おやつはホットサンド

キャラメルりんごサンド

・材料

食パン(8枚切り)…1枚

りんご…1/2個

ミックスナッツ…10g

キャラメル…4粒

生クリーム…大さじ1/2

バター…10g

塩…少々

POINT

工程**3**で、りんごの水分はよく切ってください。りんごの状態によって電子レンジの加熱時間は調整を。

・作り方

1 りんごは芯を取り除き、ひと口大に切る。

2 耐熱ボウルに**1**を入れて塩を振る。ふんわりラップをし、電子レンジで2分加熱する。

3 **2**の余分な水分を切り、キャラメルと生クリームを加えて電子レンジで1分加熱する。

4 食パンに常温に戻したバターを塗り、**3**と粗く刻んだミックスナッツをのせる。

5 ホットサンドソロに**4**をセットし、ストッパー金具で固定する。弱〜中火にかけ、片面2〜3分ずつ焼いたら完成。

064 /100

POINT パイシートを使うと焼くのに少し時間がかかりますが、春巻きの皮で代用すれば手軽にパイを楽しめます。

春巻きの皮で
ホットアップルパイ

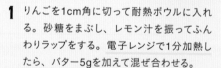

・材料 _____

春巻きの皮…1枚
りんご…1/8個
バター…10g
砂糖…大さじ1/2
レモン汁…小さじ1

・作り方 _____

1 りんごを1cm角に切って耐熱ボウルに入れる。砂糖をまぶし、レモン汁を振ってふんわりラップをする。電子レンジで1分加熱したら、バター5gを加えて混ぜ合わせる。

2 ホットサンドソロに常温に戻したバター5gを塗り、春巻きの皮を広げてのせる。

3 2に1をのせ、春巻きの皮を折りたたんでセットし、ストッパー金具で固定する。弱〜中火にかけ、片面2〜3分ずつ焼いたら完成。

POINT プリンを挟むときはあふれ出やすいので要注意。スプーンなどで押し込むようにしながらセットを。

とろとろプリンサンド

• 材料 _____

食パン（6枚切り）…1枚
プリン…35g
ブルーベリージャム…小さじ2

• 作り方 _____

1 食パンにブルーベリージャムを塗り、ざっくりと崩しながらプリンをのせる。

2 ホットサンドソロに**1**をセットし、ストッパー金具で固定する。弱～中火にかけ、片面2～3分ずつ焼いたら完成。お好みでホイップクリームを添えても。

066 /100

モンブラン風サンド

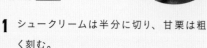

• 材料 _____

食パン（8枚切り）…1枚
シュークリーム…小1個
むき甘栗…3粒

• 作り方 _____

1 シュークリームは半分に切り、甘栗は粗く刻む。

2 食パンに**1**をのせてホットサンドソロにセットし、ストッパー金具で固定する。弱〜中火にかけ、片面2〜3分ずつ焼いたら完成。

CHAPTER. 4

ビールに合う
おつまみサンド

本章では、ビールが進むホットサンドレシ
ピをご紹介。主食のパンを大人の味に仕
上げて、お酒のお供に。フチがカリカリ
に仕上がるのも、ホットサンドがおつまみ
感覚でいけるポイント。もちろんビールだ
けじゃなく、ハイボールにも、サワーにも、
日本酒だって合います。

067 /100

POINT じゃがいもの電子レンジの加熱時間は様子を見て調整を。チーズはとろけるチーズでも♪

じゃがいもの ゴルゴンゾーラサンド

・材料 _____

食パン（6枚切り）…1枚
じゃがいも…1/2個
ゴルゴンゾーラチーズ…15g
バター…5g

・作り方 _____

1 じゃがいもを薄切りにして耐熱容器に入れる。ふんわりラップをし、電子レンジで1分加熱する。

2 ホットサンドソロに常温に戻したバターを塗る。

3 食パンに**1**とゴルゴンゾーラチーズをのせて**2**にセットし、ストッパー金具で固定する。弱〜中火にかけ、片面2〜3分ずつ焼いたら完成。

POINT ポテトサラダがあまったらぜひ。塩辛の塩味とクリームチーズの風味をプラスして、極上の味に。

塩辛ポテサラサンド

・材料 _____

食パン（8枚切り）…1枚
ポテトサラダ（市販）…70g
塩辛…15g
クリームチーズ…8g
粗挽き黒こしょう…少々

・作り方 _____

1 ボウルにポテトサラダ、塩辛、1cm角に切ったクリームチーズ、黒こしょうを入れて混ぜ合わせる。

2 食パンに**1**をのせてホットサンドソロにセットし、ストッパー金具で固定する。弱〜中火にかけ、片面2〜3分ずつ焼いたら完成。

ビールに合うおつまみサンド

とろけるアリゴサンド

- ▪ 材料 _____

食パン（8枚切り）…1枚

ベーコン…2枚

じゃがいも…60g

A
にんにく（すりおろし）
…少々
牛乳…大さじ2
とろけるチーズ…30g
バター…10g
塩・こしょう…各少々

POINT

にんにくの香りが食欲をそそり、ベーコンを入れることで食べごたえのある一品に。

- ▪ 作り方 _____

1 ホットサンドソロにベーコンをのせて火にかけ、焼き目がつくまで焼く。

2 じゃがいもは皮をむいてひと口大に切る。耐熱ボウルに入れてふんわりラップをし、電子レンジで3分加熱する。

3 **2**が熱いうちにマッシャーなどでつぶし、**A**を加えてよく混ぜ合わせる。

4 食パンに**1**、**3**の順にのせてホットサンドソロにセットし、ストッパー金具で固定する。弱～中火にかけ、片面2～3分ずつ焼いたら完成。

070/100

POINT キャンプの〆にホットワインと合わせて食べてほしい一品。ナッツの香ばしい香りがなんともいえません。

ナッツとクリームチーズの ハニーサンド

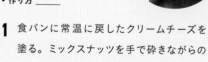

・材料_____

食パン（6枚切り）…1枚
ミックスナッツ…20g
クリームチーズ…30g
はちみつ…小さじ2

・作り方_____

1 食パンに常温に戻したクリームチーズを塗る。ミックスナッツを手で砕きながらのせ、全体にはちみつをかける。

2 ホットサンドソロに **1** をセットし、ストッパー金具で固定する。弱〜中火にかけ、片面2〜3分ずつ焼いたら完成。

POINT 明太子は、お好みでたらこを使ってもおいしく仕上がります。ビールにぴったりの一品。

明太ガーリックサンド

・材料_____

食パン（6枚切り）…1枚
明太子…小さじ2
にんにく（すりおろし）…少々
バター…5g

・作り方_____

1 食パンに常温に戻したバターとにんにくを塗り、薄皮を取り除いてほぐした明太子も塗り広げる。

2 ホットサンドソロに**1**をセットし、ストッパー金具で固定する。弱〜中火にかけ、片面2〜3分ずつ焼いたら完成。

072
/100

CHAPTER.4

ビールに合うおつまみサンド

明太チーズメルトサンド

・材料 _____

食パン(6枚切り)…1枚

明太子…20g

牛乳…小さじ1

とろけるチーズ(スライス)
…1枚

マヨネーズ…大さじ1

POINT

食パンの端まで明太子ソースを塗る
と、あふれ出てしまう可能性がある
ので少し内側に塗ってください。

・作り方 _____

1 明太子は薄皮を取り除いてほ
ぐす。

2 ボウルに**1**、牛乳、マヨネー
ズを入れて混ぜ合わせ、明太
子ソースを作る。

3 食パンに**2**を塗り、とろけるチーズを細長
く折ってのせる。

4 ホットサンドソロに**3**をセットし、ストッ
パー金具で固定する。弱〜中火にかけ、
片面2〜3分ずつ焼いたら完成。

073/100

POINT 具材があふれ出ないように、食パンの真ん中あたりにのせて。甘酸っぱい味つけがお酒によく合います。

ワカモレサンド

・材料 _____

食パン（6枚切り）…1枚
玉ねぎ…10g
アボカド…1/3個

A {
にんにく（すりおろし）
…小さじ1/2
砂糖…少々
レモン汁…少々
塩…少々
粗挽き黒こしょう…少々
}

・作り方 _____

1 玉ねぎはみじん切りにする。アボカドはフォークなどでつぶす。

2 ボウルに **1** と **A** を入れて混ぜ合わせる。

3 食パンに **2** をのせてホットサンドソロにセットし、ストッパー金具で固定する。弱〜中火にかけ、片面2〜3分ずつ焼いたら完成。

POINT あふれないよう、ポテトチップスは細かめに砕き、押し込むようにしながら挟んでください。

クリスプサンド

・材料 _____

食パン（6枚切り）…1枚

ポテトチップス（コンソメ）…10g

ピクルス…10g

粒マスタード…適量

・作り方 _____

1 ピクルスを薄切りにする。

2 食パンに粒マスタードを塗る。**1**をのせ、ポテトチップスを砕きながらのせる。

3 ホットサンドソロに **2** をセットし、ストッパー金具で固定する。弱〜中火にかけ、片面2〜3分ずつ焼いたら完成。

ビールに合うおつまみサンド

キャベ玉サンド

• 材料 _____

食パン(8枚切り)…1枚

ラーメンスナック…10g

キャベツ…10g

卵…1個

中濃ソース…適量

マヨネーズ…適量

サラダ油…少々

POINT

目玉焼きは両面を焼いて、しっかり
と固めに。ラーメンスナックの食感と
の相性が最高。

• 作り方 _____

1 ホットサンドソロにサラダ油を弱火で熱し、
卵を割り入れて焼き、目玉焼きを作る。

2 キャベツは千切りにする。

3 食パンに**2**、ラーメンスナック、**1**の順に
のせ、中濃ソースとマヨネーズをかける。

4 ホットサンドソロに**3**をセットし、ストッ
パー金具で固定する。弱〜中火にかけ、
片面2〜3分ずつ焼いたら完成。

ビールに合うおつまみサンド

POINT 食べるときにグラニュー糖を少しかけると、まるで韓国風チーズドッグのような味わいに。お試しあれ！

ちくメリカンドッグ

・材料 _____

食パン（6枚切り）…1枚

ウインナー…2本

ちくわ…1本

とろけるチーズ…10g

ケチャップ…適量

マスタード…適量

・作り方 _____

1 ちくわの穴にウインナーを差し込む。

2 食パンにとろけるチーズ、1の順にのせてホットサンドソロにセットし、ストッパー金具で固定する。弱～中火にかけ、片面2～3分ずつ焼く。

3 焼き上がったらケチャップとマスタードをかけて完成。

POINT カルバスの代わりに、サラミやビーフジャーキーなどを使ってもおいしいです。辛さはお好みで調整を。

ピリ辛
メキシカン風サンド

・材料

食パン（8枚切り）…1枚

カルバス…25g

レタス…10g

玉ねぎ…5g

粉チーズ…適量

バター…10g

ケチャップ…小さじ1

チリパウダー…少々

タバスコ…少々

・作り方

1 カルバスは5mm角に、レタスはひと口大に切る。玉ねぎは薄切りにする。

2 ボウルにカルバス、ケチャップ、チリパウダー、タバスコを入れて混ぜ合わせる。

3 食パンに常温に戻したバターを塗り、レタス、玉ねぎ、**2**をのせて粉チーズを振る。

4 ホットサンドソロに**3**をセットし、ストッパー金具で固定する。弱〜中火にかけ、片面2〜3分ずつ焼いたら完成。

魯肉飯風サンド

ルーローハン

・材料 _____

食パン(6枚切り)…1枚

やきとり缶(たれ)
…1/2缶(28g)

煮卵(市販)…1/2個

たくあん…5g

オイスターソース…小さじ1/3

五香粉…少々
ウーシャンフェン

POINT

魯肉飯は豚バラブロック肉で作るの
が一般的ですが、やきとり缶を使う
ことで簡単に。五香粉はなしでも。

・作り方 _____

1 煮卵は輪切りに、たくあんは細切りにする。

2 食パンにやきとり、煮卵、たくあんの順に
のせる。オイスターソースをかけ、五香
粉を振る。

3 ホットサンドソロに**2**をセットし、ストッ
パー金具で固定する。弱～中火にかけ、
片面2～3分ずつ焼いたら完成。

079/100

POINT 唐揚げは冷凍でも惣菜でもどちらで
も。千切りキャベツを入れる場合は
唐揚げの量を調整して。

マヨからサンド

・材料 _____

食パン（6枚切り）…1枚
唐揚げ（市販）…2〜3個
マヨネーズ…小さじ2
からし…小さじ1/2

・作り方 _____

1 唐揚げを温める。

2 マヨネーズとからしを混ぜ合わせて食パン
に塗り、**1**をのせる。

3 ホットサンドソロに**2**をセットし、ストッ
パー金具で固定する。弱〜中火にかけ、
片面2〜3分ずつ焼いたら完成。

食パン以外の
意外なごちそう

近年、食パン以外を焼いたレシピが流行
しているホットサンドメーカー。もちろん食
パンに具材をのっけて焼くための道具です
が、パンしか焼かないなんてもったいない。
しかもホットサンドソロは「ひとりぶん」の少
量を焼けるのが魅力！　小腹が空いたとき
に重宝します！

ビビンバ焼きおにぎり

・材料

ごはん…100g

牛ひき肉…30g

ナムル（市販）…20g

焼肉のたれ…小さじ2

コチュジャン…小さじ1

サラダ油…適量

POINT

ナムルを作る場合は、お好みの野菜
を電子レンジで加熱し、鶏がらスー
プの素とごま油で和えてください。

・作り方

1 ボウルにひき肉、焼肉のたれ、コチュジャンを入れて混ぜ合わせる。ふんわりラップをし、電子レンジで50秒〜1分加熱する。

2 1をよく混ぜ合わせ、ごはんとナムルを加えてよく混ぜ合わせる。

3 ラップで2を包み、ホットサンドソロの大きさに形を整える。

4 ホットサンドソロにサラダ油を塗って3をセットし、ストッパー金具で固定する。弱〜中火にかけ、片面2〜3分ずつ焼いたら完成。

POINT 肉まんをつぶすように挟んでください。バターを塗ることで香り豊かなおやきが完成！ チーズ入りも美味。

CHAPTER.5

081 /100

食パン以外の意外なごちそう

肉まんでおやき

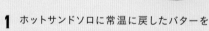

・材料 _____

肉まん…1個
バター…5g

・作り方 _____

1 ホットサンドソロに常温に戻したバターを塗る。

2 ホットサンドソロに肉まんをセットし、ストッパー金具で固定する。弱〜中火にかけ、片面2〜3分ずつ焼いたら完成。

POINT 生地はかためにしていますが、挟んだときにもれる可能性も。あふれないように加減しながら流し込みを。

ホットケーキミックスで 餃子ドッグ風

・材料 _____

ホットケーキミックス…50g

餃子（市販）…1個

塩…少々

水…35cc

ごま油…小さじ1/4

サラダ油…適量

・作り方 _____

1 ボウルにホットケーキミックス、塩、水、ごま油を入れて混ぜ合わせる。

2 ホットサンドソロにサラダ油を塗り、**1**を半量流し込む。

3 餃子をのせて残りのホットケーキミックスをあふれないように流し込んだら、ストッパー金具で固定する。弱〜中火にかけ、片面2〜3分ずつ焼いたら完成。

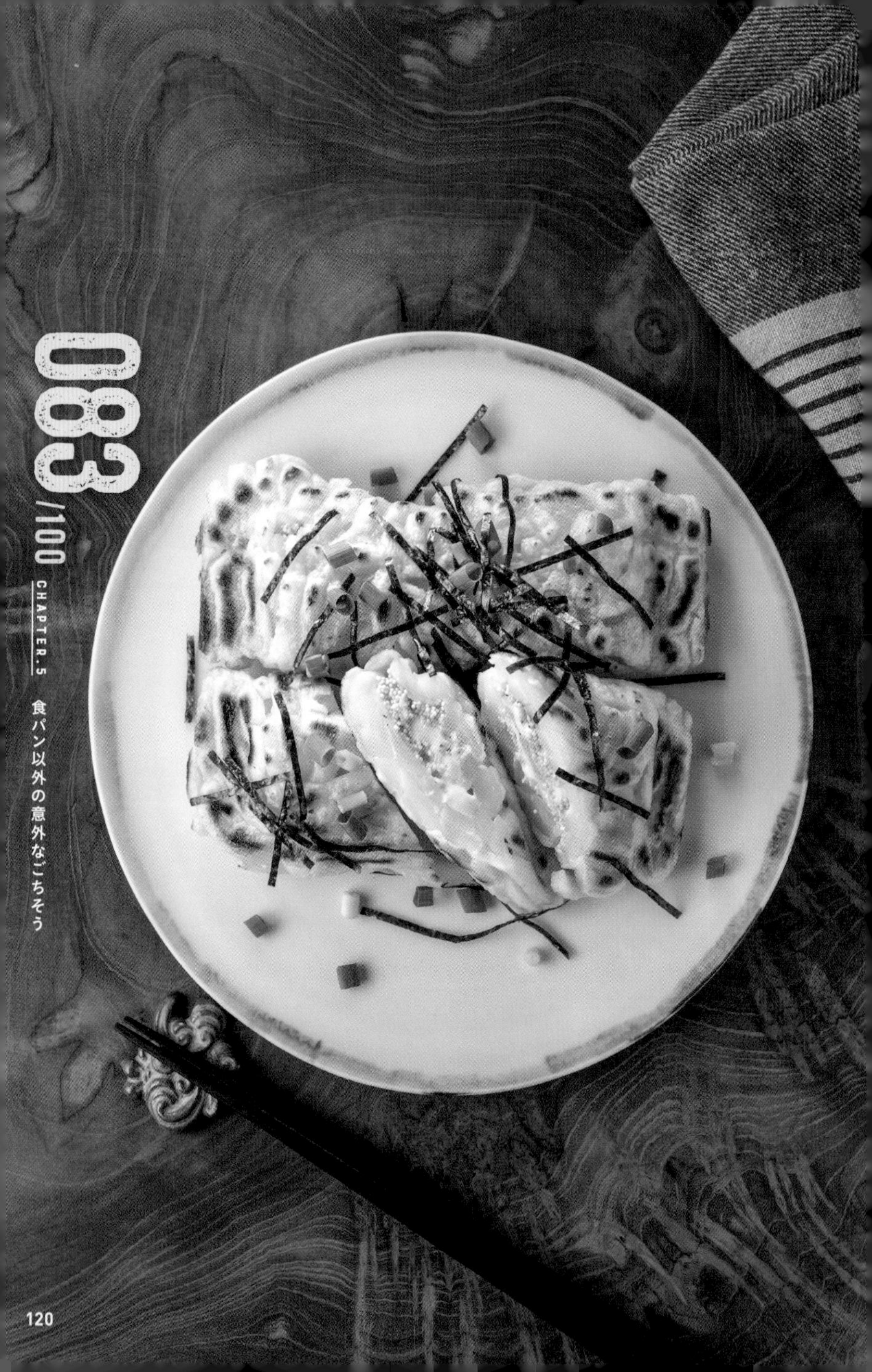

083 /100

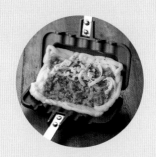

明太チーズの包みうどんピザ

・材料

ゆでうどん…1玉

明太子…40g

小ねぎ…適量

にんにく（すりおろし）
…小さじ1/3

刻みのり…適量

とろけるチーズ…15g

マヨネーズ…大さじ2

粗挽き黒こしょう…少々

サラダ油…適量

POINT

うどん1玉で2個分の分量です。工程
1で、ある程度袋に入った状態のま
まつぶしておくと、半分に切ってから
広げやすくなります。

・作り方

1 うどんを電子レンジで40秒加
熱し、袋のまま麺棒でつぶす。

2 1を半分に切り、さらにホット
サンドソロの大きさに合わせ
ながら麺棒で広げる。

3 ボウルに薄皮を取り除いてほぐした明太
子、にんにく、マヨネーズを入れて混ぜ
合わせ、2に半量ずつ塗る。

4 3にとろけるチーズをのせ、黒こしょうを
振る。もう半分のうどんも同様に。

5 ホットサンドソロにサラダ油を塗って4
をセットし、ストッパー金具で固定する。
弱〜中火にかけ、片面4〜5分ずつ焼く。
もう半分のうどんも同様にして焼く。

6 焼き色がついたら、小口切りにした小ね
ぎ、刻みのりを散らして完成。

084/100

POINT 生地を流し入れるときはあふれ出ないよう、量を調整してください。お好みでチーズを入れてもおいしい。

ぺったんタコ焼き

・材料 _____

ゆでダコ…20g
小ねぎ…5g

A
天かす…10g
小麦粉…25g
しょうゆ…小さじ1/4
マヨネーズ…大さじ1/2
顆粒和風だしの素…小さじ1/4
水…大さじ3

かつお節…適量
青のり…適量
お好みソース…適量
マヨネーズ…適量
サラダ油…適量

・作り方 _____

1 タコはひと口大に切る。小ねぎは小口切りにする。

2 ボウルに**A**を入れて混ぜ合わせ、**1**を加えてさらに混ぜ合わせる。

3 ホットサンドソロにサラダ油を塗って**2**を少しずつ流し入れ、ストッパー金具で固定する。弱〜中火にかけ、片面5〜6分ずつ焼く。

4 焼き上がったら、お好みソース、マヨネーズをかけ、かつお節と青のりを振って完成。

085/100

POINT ひっくり返す作業が、ホットサンド
ソロなら簡単に。お酒のおつまみ、
おやつに最適！

キムチヂミ

• 材料 _____

小麦粉…30g

桜エビ…3g

ニラ…10g

キムチ…30g

卵…1個

とろけるチーズ…10g

顆粒鶏がらスープの素
…少々

サラダ油…適量

• 作り方 _____

1 ニラとキムチは粗みじん切りにする。

2 ボウルにサラダ油以外の材料をすべて入
れ、よく混ぜ合わせる。

3 ホットサンドソロにサラダ油を
塗って**2**を流し入れ、ストッ
パー金具で固定する。弱～中
火にかけ、片面2～3分ずつ焼
いたら完成。

123

086 /100

POINT 生地を流し込むときはあふれ出ないように注意を。焼き時間は様子を見て調整してください。

モダン焼き

• 材料 _____

やきそば麺…1/2玉
キャベツ…25g

A
　天かす…大さじ1
　小麦粉…25g
　卵…1個
　顆粒和風だしの素
　…小さじ1/2

かつお節…適量
青のり…適量
お好みソース…適量
マヨネーズ…適量
サラダ油…適量

• 作り方 _____

1 キャベツをみじん切りにする。

2 ボウルに **A** を入れて混ぜ合わせ、**1**を加えてさらに混ぜ合わせる。

3 ホットサンドソロにサラダ油を塗り、**2**を流し込む。

4 やきそば麺をのせ、ストッパー金具で固定する。弱〜中火にかけ、片面3〜4分ずつ焼く。

5 焼き上がったら、お好みソース、マヨネーズをかけ、かつお節と青のりを振って完成。

POINT 表面がきつね色になったら焼き上がり。お好みでケチャップや粒マスタードをつけて召し上がれ。

焼きハッシュドポテト

▪ 材料 _____

ポテトフライ（冷凍）…80g
粉チーズ…小さじ2
片栗粉…小さじ2
サラダ油…小さじ2

▪ 作り方 _____

1 ポテトフライは5mm〜1cm程度の粗さに刻む。

2 ボウルにサラダ油以外の材料をすべて入れ、よく混ぜ合わせる。サラダ油を加えてさらに混ぜ合わせる。

3 ホットサンドソロに**2**をセットしてストッパー金具で固定する。弱〜中火にかけ、片面3〜4分ずつ焼いたら完成。

食パン以外の意外なごちそう

POINT 1人分の少量分だけを手軽に焼けるうえに、上下から火が入るのでジューシーな仕上がりに。

羽根つきチーズ餃子

・材料

餃子（冷凍）…4個
とろけるチーズ…15g

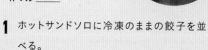
・作り方

1 ホットサンドソロに冷凍のままの餃子を並べる。

2 **1**を弱火にかけて1分焼き、さらにストッパー金具で固定して2〜3分蒸し焼きにする。

3 **2**を開けて餃子と餃子の間にとろけるチーズを加え、ストッパー金具で固定して2〜3分焼く。カリカリに焼けたら完成。

POINT 揚げなくても両面パリパリの仕上がりになります。具材はお好みのものを包んでいろいろ試してみて。

揚げない春巻き

• 材料 _____

春巻きの皮…1枚
サラダチキン（市販）…50g
大葉…2枚
とろけるチーズ…20g
サラダ油…小さじ2

• 作り方 _____

1 春巻きの皮に大葉、手で割いたサラダチキン、とろけるチーズの順にのせる。

2 ホットサンドソロの大きさに合わせて包み、水（分量外）をつけて閉じたら、両面にサラダ油を塗る。

3 2のとじ目を下にしてホットサンドソロにセットし、ストッパー金具で固定する。弱～中火にかけ、片面1～2分ずつ焼いたら完成。

スパニッシュオムレツ

・材料 _____

玉ねぎ…30g

じゃがいも…30g

ほうれん草…30g

卵…1個

顆粒コンソメスープの素…少々

塩…少々

オリーブオイル…適量

POINT

ホットサンドソロのポケット部分に積むように卵液をのせてください。朝ごはんにもぴったり。

・作り方 _____

1 玉ねぎとじゃがいもは1cm角に、ほうれん草は3cm幅に切る。耐熱ボウルに入れてふんわりラップをし、電子レンジで2分加熱する。

2 耐熱ボウルに卵、**1**、コンソメスープの素、塩を入れて混ぜ、電子レンジで30秒加熱する。取り出して混ぜ合わせ、さらに電子レンジで20秒加熱する。

3 ホットサンドソロにオリーブオイルを塗って**2**を流し入れ、ストッパー金具で固定する。弱～中火にかけ、片面1～2分ずつ焼いたら完成。

POINT なすは小さめが◎。ホットサンドソロ
に焦げつかないよう、薄くサラダ油
を塗りましょう。ポン酢もおすすめ。

丸ごと焼きなす

・材料

なす…1本

小ねぎ…適量

かつお節…適量

めんつゆ…適量

サラダ油…適量

・作り方

1 なすはガクを取り除き、深さ5mm程度の
斜めの切り込みを両面に入れる。

2 ホットサンドソロにサラダ油を塗って**1**
をセットし、ストッパー金具で固定する。
弱～中火にかけ、片面3～4分ずつ焼く。

3 焼き上がったら、めんつゆ、小口切りに
した小ねぎ、かつお節をかけて完成。

/100

POINT ぎゅっと押さえるので、ピーマンから肉だねがはがれる失敗なし！ フライドオニオンを使うことで時短に！

ピーマンの肉詰め

・材料 _____

牛豚合いびき肉…60g
ピーマン…1個
フライドオニオン…5g
　片栗粉…小さじ1/2
A　マヨネーズ…小さじ1
　塩…少々
　粗挽き黒こしょう…少々
ケチャップ…適宜

・作り方 _____

1 ビニール袋にひき肉とAを入れて揉み込む。

2 フライドオニオンを加えてさらに混ぜ、袋の先端をハサミで切る。

3 ピーマンを半分に切り、種を取り除いたら、**2**を絞り入れてスプーンなどで表面を整える。

4 ホットサンドソロに**3**をセットし、ストッパー金具で固定する。弱〜中火にかけ、片面3〜4分ずつ焼く。中まで火が通ったら完成。お好みでケチャップを添える。

093 /100

POINT 火加減は、様子を見ながら調節してください。たれはしょうゆだれでもおいしい。お好みでアレンジを。

アスパラガスの豚肉巻き

・材料

豚バラ薄切り肉…40g

アスパラガス…2本

片栗粉…適量

A
| ポン酢…大さじ1/2
| コチュジャン…小さじ1

味付塩こしょう…少々

サラダ油…適量

・作り方

1 アスパラガスは根元を切り落とす。下部3cm部分の皮をピーラーでむき、ホットサンドソロの大きさに合わせて切る。

2 豚肉に味付塩こしょうを振って下味をつけ、1をのせて巻いたら全体的に片栗粉をまぶす。

3 ホットサンドソロにサラダ油を塗って2をセットし、ストッパー金具で固定する。弱～中火にかけ、片面3～4分ずつ焼く。

4 焼き上がったら、混ぜ合わせたAでたれを作って添える。

POINT お酒のおつまみにも、おかずにも。
弱火でじっくり焼き上げることで、
中のチーズがとろ～り仕上がります。

厚揚げのねぎ味噌チーズ焼き

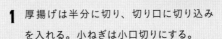

・材料 _____

厚揚げ…1枚（150g）

小ねぎ…5g

とろけるチーズ（スライス）
…1枚

合わせ味噌…小さじ1

みりん…小さじ1

・作り方 _____

1 厚揚げは半分に切り、切り口に切り込み
を入れる。小ねぎは小口切りにする。

2 ボウルに味噌、みりん、小ねぎを入れて混
ぜ合わせ、厚揚げの切り込み部分に塗る。
さらに半分に切ったとろけるチーズをのせる。

3 ホットサンドソロに**2**をセットし、ストッ
パー金具で固定する。弱～中火にかけ、
片面2～3分ずつ焼く。もう半分も同様に
して焼いたら完成。

095 /100

POINT 工程**2**で油揚げに具材を詰め込むときは、上部が1cm程度あくように押し込んでください。

ねぎ爆弾

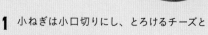

・材料 _____

油揚げ…1枚

小ねぎ…30g

とろけるチーズ…30g

しょうゆ（ポン酢しょうゆ）

…適量

・作り方 _____

1 小ねぎは小口切りにし、とろけるチーズと混ぜ合わせる。

2 油揚げを半分に切って袋状に開き、**1**を詰める。

3 ホットサンドソロに**2**の開き口が外側になるようにセットし、ストッパー金具で固定する。弱〜中火にかけ、片面2〜3分ずつ焼く。表面がカリッと焼き上がったら、しょうゆをつけていただく。

POINT 油揚げの口は楊枝などでとじなくて
も、ホットサンドソロでプレスできる
ので中身がこぼれません。

納豆キムチのきつね焼き

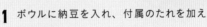

・材料 _____

油揚げ…1枚

納豆(小粒)…1パック

キムチ…30g

とろけるチーズ…10g

・作り方 _____

1 ボウルに納豆を入れ、付属のたれを加え
てよく混ぜる。

2 1にキムチととろけるチーズを加え、さら
に混ぜ合わせる。

3 油揚げを半分に切って袋状に開き、**2**を
詰める。

4 ホットサンドソロに**3**の開き口が外側にな
るようにセットし、ストッパー金具で固定
する。弱～中火にかけ、片面2～3分ず
つ表面がカリッとするまで焼いたら完成。

POINT パンの代わりにはんぺんを使って糖質オフ！　お好みでとろけるチーズ（スライス）を挟んでも。

はんぺんのアボカド明太サンド

・材料 _____

はんぺん（大判）…1/2枚

明太子…30g

アボカド…1/4個

焼きのり…1/4枚

サラダ油…適量

・作り方 _____

1 明太子は薄皮を取り除いてほぐす。アボカドはスライスする。

2 はんぺんに焼きのり、明太子、アボカドの順にのせる。

3 ホットサンドソロにサラダ油を塗って**2**をセットし、ストッパー金具で固定する。弱〜中火にかけ、片面1〜2分ずつ焼いたら完成。

POINT 表面がパリッとするまで焼いてください。焦げやすいので、火加減や焼く時間は調整を。

ブリュレバウムクーヘン

・材料

バウムクーヘン…2〜3個

バター…適量

グラニュー糖…適量

・作り方

1 バターを湯せんで溶かす。

2 バウムクーヘンの表面に溶かしバターを塗り、グラニュー糖をまんべんなく振る。

3 ホットサンドソロに**2**をセットし、ストッパー金具で固定する。弱〜中火にかけ、片面30秒〜1分ずつ焼いたら完成。

POINT チョコレートはお好みの甘さのものを。焦げやすいので様子を見ながら焼いてください。

とろけるチョコメロンパン

- 材料 _____

メロンパン…1/2個

スイートチョコレート（板）
…15g

バター（無塩）…適量

- 作り方 _____

1 メロンパンの切り口に切り込みを入れ、チョコレートを挟む。

2 ホットサンドソロに常温に戻したバターを塗って**1**をセットし、ストッパー金具で固定する。弱〜中火にかけ、片面1〜2分ずつ焼いたら完成。

POINT チーズ蒸しケーキのほかにも、市販の菓子パンにバターを塗って焼き上げると、"味変"が楽しめます。

焼きチーズケーキ

- **材料**

北海道チーズ蒸しケーキ
（市販）…1/2個
バター（無塩）…10g
メープルシロップ…適宜

- **作り方**

1 チーズ蒸しケーキに4カ所切り込みを入れ、切り込み部分に薄くスライスしたバターを差し込む。

2 ホットサンドソロに**1**をセットし、ストッパー金具で固定する。弱〜中火にかけ、片面1〜2分ずつ焼く。

3 バターが溶けて表面に焼き色がついたら、お好みでメープルシロップを添えて完成。

INDEX

macaroni（マカロニ）

「食からはじまる、笑顔のある暮らし。」がテーマのライフスタイルメディア。月間訪問者数は約2000万人。献立作りに役立つ料理レシピ動画、注目のテーブルウェアやキッチングッズ情報、人気インスタグラマーのコラムなど、食と暮らしに役立つ情報を毎日発信している。
公式サイト https://macaro-ni.jp/
公式Instagram @macaroni_news

macaroni 料理家

矢部麻美　狩野くるみ　濱千代明里
篠崎可苗　倉嶋里菜

macaroni 編集部

高倉 遼　福田 彩　高崎瑞輝
道岡直宏

ホットサンドソロとは

「燕三条キッチン研究所」の「4w1h₀」のブランド製品。「燕三条キッチン研究所」は2017年に立ち上げたクリエイターとメーカーのコラボチーム。「4w1h」の「そもそも」「いつ」「だれが」「なにを」「どのように」というキーワードからキッチンツールを再編集している。
公式サイト https://4w1h.jp/
公式Instagram @__4w1h__

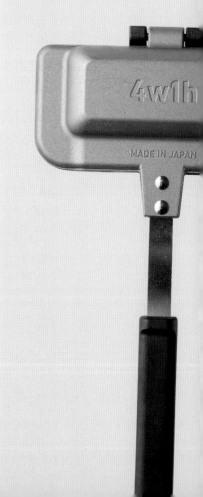

「4w1h₀ホットサンドソロ」公認（こうにん）
ひとりぶんのホットサンド100

2021年8月1日　第1刷発行

著者	macaroni
発行者	佐藤 靖
発行所	大和書房（だいわ）
	東京都文京区関口1-33-4
	電話03（3203）4511

ブックデザイン	宮下ヨシヲ（SIPHON GRAPHICA）
スタイリング	川﨑尚美
撮影	片桐 圭（lingua franca）
編集	滝澤和恵（大和書房）

印刷	歩プロセス
製本	ナショナル製本